19 Avril 1886. 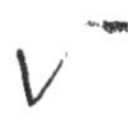

COLLECTION

DE

FEU

M. HENRY

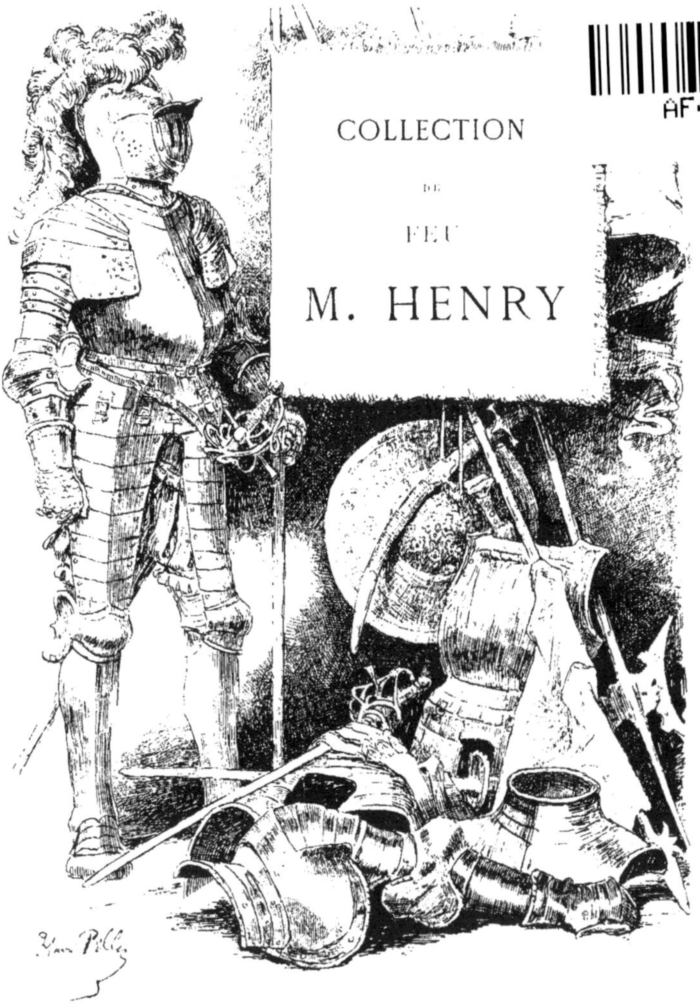

PAR LE MINISTÈRE DE

Mᵉ GEORGES BOULLAND, Commissaire-Priseur

26, rue des Petits-Champs, 26.

ASSISTÉ DE :

MM. HARO Frères, Peintres-Experts

14, rue Visconti, et 20, rue Bonaparte.

Pour les Tableaux.

M. EUGENE SORTAIS, Expert

23, rue des Capucines, 23.

Pour les Armes et Objets d'art.

CHEZ LESQUELS SE DISTRIBUE LE PRÉSENT CATALOGUE

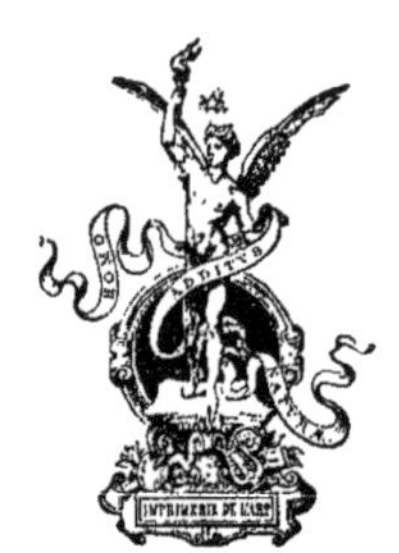
ADDITVS
IMPRIMERIE DE L'ART

COLLECTION

DE

FEU M. HENRY

PARIS. — IMPRIMERIE DE L'ART

E. MÉNARD ET J. AUGRY, 41, RUE DE LA VICTOIRE

CATALOGUE

DES

ARMES & ARMURES

EUROPÉENNES ET ORIENTALES

DU XVe AU XVIIIe SIÈCLE

Salades — Armets — Boucliers — Arquebuses
Mousquets — Pistolets — Épées ciselées et damasquinées — Dagues — Hallebardes
Arbalètes — Amorçoirs — Pulvérins
Modèles de canon — Suite intéressante d'Épées de cour

TABLEAUX ANCIENS

Meubles — Bronzes d'art et d'ameublement — Curiosités diverses
Porcelaines de Sèvres.

TAPISSERIES, COSTUMES ET ÉTOFFES

Le tout composant l'importante collection de M. HENRY

Ancien antiquaire

DONT LA VENTE AURA LIEU

Par suite de son décès

HOTEL DROUOT, SALLE N° 1

Les Lundi 19, Mardi 20, Mercredi 21 et Jeudi 22 Avril 1886

A DEUX HEURES ET DEMIE

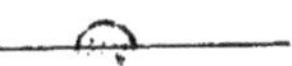

Par le Ministère de Me GEORGES BOULLAND, commissaire-priseur
26, rue des Petits-Champs, 26

Assisté de

MM. HARO frères, peintres-experts
Rue Visconti, 14, et rue Bonaparte, 20
Pour les Tableaux

M. EUGÈNE SORTAIS, expert
Rue des Capucines, 23
Pour les Armes et les Objets d'art

Chez lesquels se distribue le Catalogue illustré.

EXPOSITIONS PARTICULIÈRE : le Samedi 17 Avril, de 2 heures à 5 heures 1/2
ET PUBLIQUE : le Dimanche 18 Avril, de 2 à 5 heures.

CONDITIONS DE LA VENTE

Elle se fera au comptant.

Les adjudicataires paieront *cinq pour cent* en sus des enchères, applicables aux frais.

L'exposition mettant le public à même de se rendre compte de l'état des objets, il ne sera admis aucune réclamation une fois l'adjudication prononcée.

Paris. — Imprimerie E. Ménard et J. Augry, 41, rue de la Victoire.

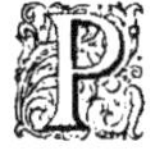

ARMI les ventes remarquables de cette année nous devons signaler celle de la collection Henry, qui est indiquée pour les 19, 20, 21 et 22 avril, dans la semaine précédant Pâques.

M. Henry, le fin et loyal amateur qu'ont connu tous ceux qui en Europe s'occupent d'armes et d'armures, est mort au courant de l'année dernière, au milieu de sa chère collection qui était pour lui, on peut le dire, l'objet d'une incessante sollicitude.

Henry, l'ancien chapelier de la rue de la Paix, comme on l'appelle encore dans le monde de la Curiosité, avait été ruiné par la Révolution de 1848, qui lui fit perdre alors la fourniture des coiffures de la famille d'Orléans dont il était le chapelier attitré.

Au commencement de l'Empire, sur le conseil de quelques-uns de ses clients, il se mit à vendre des épées de cour. Le goût parfait qu'il apporta dans le choix de ces épées ne tarda pas à lui donner une grande vogue; et, renonçant peu à peu au commerce de la chapellerie, il s'adonna à la recherche des armes et armures anciennes : épées des XVIIe et XVIIIe siècles, rapières ou poignards de la Renaissance, armes orientales de toute sorte. Retiré des affaires après 1870, il devint exclusivement collectionneur. Il s'était installé dans un vaste local de la rue des Petits-Champs où, pendant les années qui suivirent jusqu'à 1885, il amassa de véritables trésors artistiques, armes précieuses, tableaux d'anciens maîtres, étoffes et meubles de grand style.

(Extrait du *Journal des Arts*.)

DÉSIGNATION DES OBJETS

ARMURES, BOUCLIERS ET CASQUES

1 — Très remarquable armure, composée du plastron, de la dossière, des brassards, cuissards, et du casque en forme d'armet. Le tout, à l'exception de la dossière, est décoré de bandes et médaillons en fer repoussé et ciselé, représentant des amours et figurines de femmes et d'Hercules tenant un sceptre, entremêlés de fleurs et branches de lis.

La dossière unie était destinée à recevoir un manteau de cérémonie.

M. Henry, d'après une note laissée par lui, estimait que cette armure avait dû appartenir au roi Henri IV.

Il se basait, du reste, sur la tradition conservée dans la famille de laquelle il la tenait.

2 — Belle armure complète du XVIe siècle, avec bandes en fer poli, alternées de bandes en fer finement gravé et doré. Le casque est un armet, orné de la même décoration que l'armure. Cette armure porte le faucre à charnière et a subi quelques restaurations.

3 — Armure complète du XVe siècle (dite gothique) en fer poli et articulé; la tête est protégée par une salade et une bavière.

4 — Demi-armure noire de lansquenet, à bandes polies. XVIe siècle.

5 — Plastron et dossière en cuivre repoussé, de figures et ornements dorés.

6 — Très riche bouclier à fond uni ; l'ombilic présente une sorte de tête de monstre, la frise est ornée de très beaux ornements gravés et dorés, l'intérieur est garni de velours grenat, bordé de galon d'or.

7 — Bouclier à fond uni et orné de fins ornements, incrustés en argent; l'ombilic présente une tête fantastique, repoussée dans le métal. Travail italien du XVIe siècle.

8 — Bouclier à fond uni, damasquiné d'arabesques d'argent.

9 — Bourguignotte à crête prononcée à petites côtes, finement gravée et entièrement argentée. XVIe siècle.

10 — Bourguignotte, crête élevée et ciselée en torsades, gravée de trophées et larges rinceaux. Travail milanais de la seconde moitié du XVIe siècle. (Oreillères refaites.)

11 — Petit morion à ergot. Les deux côtés du timbre sont gravés d'une armoirie figurant un lion debout, supportée par deux guerriers en costume romain, tenant en main la palme du martyre; le tout surmonté d'une croix à double bras. Crête garnie de fleurs et animaux gravés. XVIe siècle.

12 — Morion à haute crête couverte d'ornements et de médaillons gravés, se détachant sur fond doré; timbre à bandes polies alternées avec des bandes gravées et dorées. XVIe siècle.

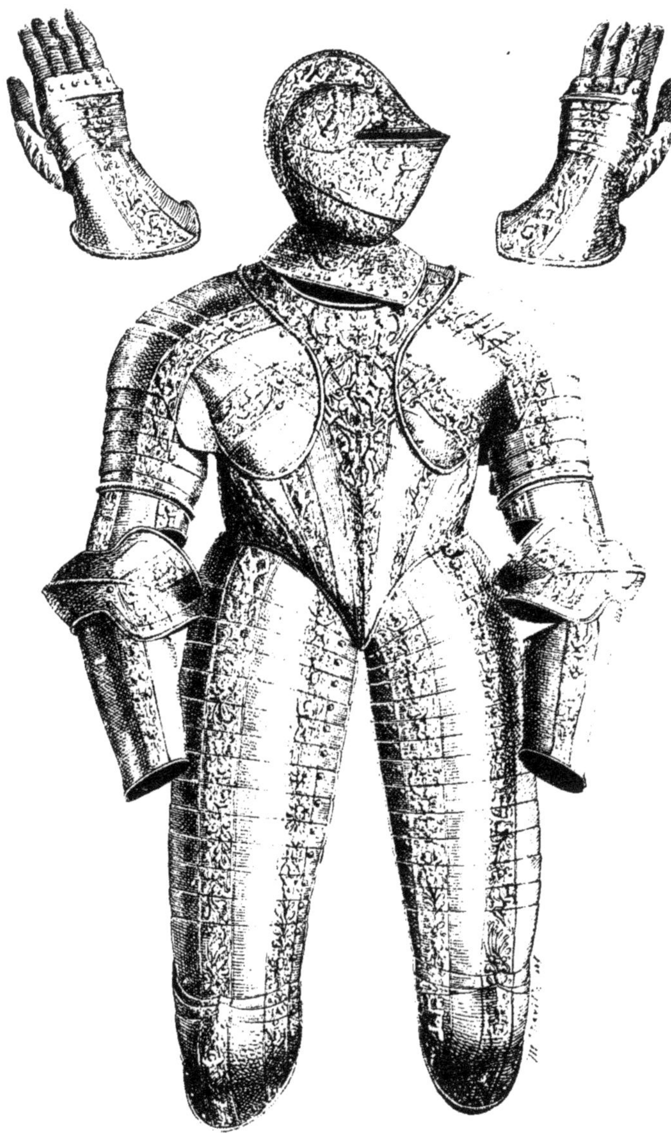

N° 1.

13 — Trois autres morions en fer uni, de la même époque. (Sera divisé.)

14 — Morion à ergot, garni de bandes gravées de fleurs et animaux. La partie inférieure du timbre est garnie de clous figurant des têtes de lion ciselées. XVIe siècle.

15 — Cabasset orné de trophées et figurines ciselées, dans la partie inférieure, une suite de clous à têtes ciselées.

16 — Trois armets du commencement du XVIe siècle, avec et sans gravure. (Sera divisé.)

17 — Deux salades et bavière du XVe siècle. (Sera divisé.)

18 — Environ cent pièces dépareillées, dont quelques-unes finement gravées et dorées, d'armures des XVIe et XVIIe siècles. (Ce lot sera divisé.)

ARMES DE JET ET ARMES A FEU

19 — Très belle arbalète du XVIIe siècle, arbrier en ivoire de morse finement gravé sur toutes ses faces de sujets de chasse ; la crémaillère et la plaque sont gravées et poinçonnées.

20 — Deux arbalètes à cric du XVIe siècle, arbriers en bois d'ébène, garnis de plaques d'ivoire gravé. Le cric de l'une d'elles est garni de son crochet de ceinture. (Sera divisé.)

21 — Jolie petite arbalète à baguette du XVIIe siècle, arbrier finement incrusté de plaques de nacre et d'ivoire gravé.

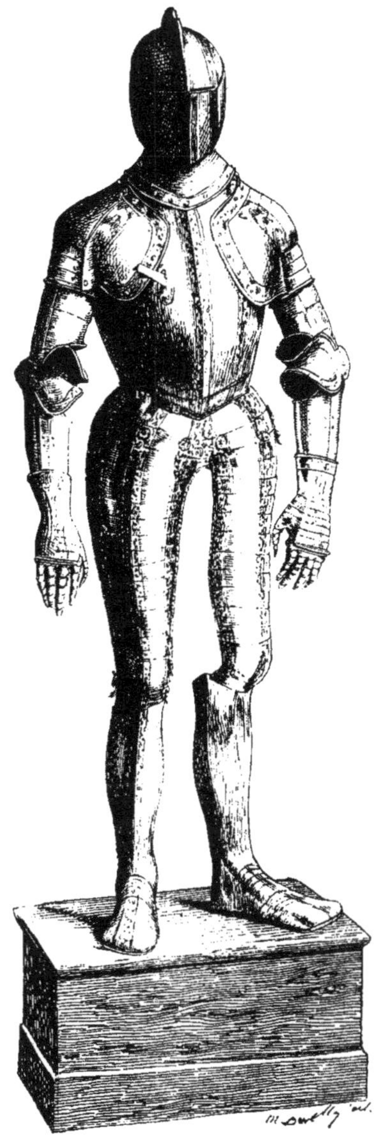

N° 2.

22 — Élégante arbalète à jalet en bois d'if, fût légèrement sculpté, garniture en acier gravé et ciselé. Travail du XVIIe siècle.

23 — Modèle de canon en bronze ciselé, à échelle réduite, monté sur son affût en bois garni de fer. Près de la bouche, un écusson en relief porte l'inscription : FERDINANT HOFMAN FREI HERR, 1760. Très joli travail allemand du XVIIIe siècle.

24 — Autre petit canon de la même époque, sur son affût en bois garni de fer. Sur la culasse, un écusson montrant un lion debout.

25 — Arquebuse à mèche, canon pointé d'argent et gravé de figurines et fleurs entièrement doré, chien ciselé figurant un dragon et le couvre-feu un mascaron, fût incrusté de filigranes de cuivre et d'ivoire gravé, écusson rapporté. XVIIe siècle.

26 — Arquebuse à mèche, époque Louis XIV, batterie unie, sous-garde ajourée, beau canon à pans gravés et ciselés, fût incrusté d'ivoire gravé et teint et de nacre.

27 — Arquebuse française du XVIIe siècle, canon à huit pans, fût incrusté de plaques d'ivoire gravé, représentant des scènes mythologiques et figurines de femmes nues.

28 — Arquebuse allemande à rouet du XVIe siècle, double détente, batterie finement gravée de personnages ; le chien est formé d'un dauphin ciselé dans la masse, le couvre-feu d'un lion accroupi, canon rayé et à pans, fût incrusté dans toutes ses parties de plaques d'ivoire gravé, de personnages en costumes et de fauves. Beau travail du XVIe siècle.

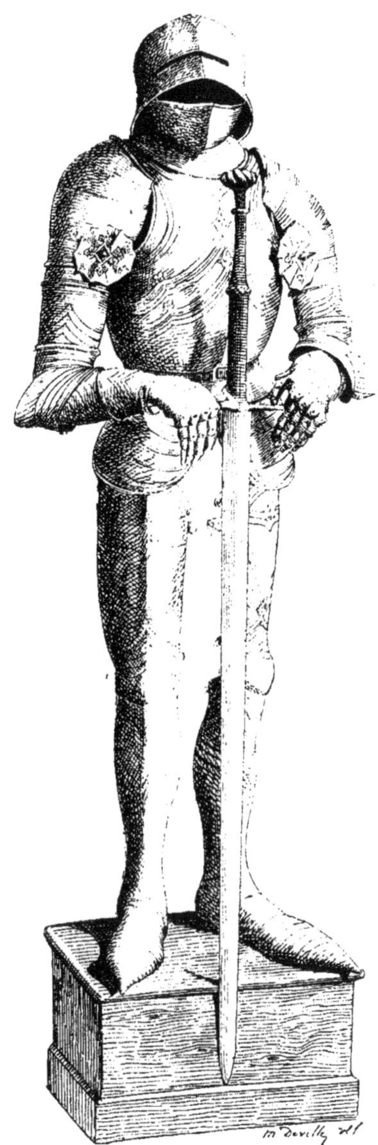

No 3.

29 — Petite arquebuse, double détente, canon rayé, fût incrusté d'ivoire gravé ; sur sa partie supérieure, un médaillon avec les lettres T A G, surmontées d'une couronne.

30 — Arquebuse de chasse à rouet, batterie ornée d'animaux gravés, fût incrusté de plaques d'ivoire représentant un chasseur tuant des cerfs, canon gravé et doré. Travail de la fin du XVIe siècle.

31 — Petite arquebuse pied de biche, fût incrusté de nacre et de cuivre gravé, batterie à double détente gravée, canon poinçonné.

32 — Élégante arquebuse à rouet italienne, pied de biche du XVIIe siècle, fût incrusté de plaques d'ivoire, représentant des sujets de chasse et animaux fantastiques ; sur la partie supérieure du fût, une armoirie supportée par un lion debout.

33 — Arquebuse à rouet, double détente, fin du XVIIe siècle, canon très richement décoré de scènes équestres ciselées. Au centre, un médaillon d'homme en costume Louis XIV. Le fût est incrusté d'ivoire gravé et d'arabesques d'argent.

34 — Très riche carabine de la fin du XVIIIe siècle, bois incrusté d'ornements d'argent et garnis de trophées d'armes orientales ciselés en relief. Le canon et la batterie, bleuis, sont ornés de riches damasquines d'or.

35 — Pistolet à rouet italien, canon et platine gravés et armoriés ; le pommeau est en cuivre repoussé et gravé. XVIIe siècle.

36 — Deux autres pistolets, de même époque et de travail analogue au précédent ; la batterie de l'un est gravée et dorée. (Sera divisé.)

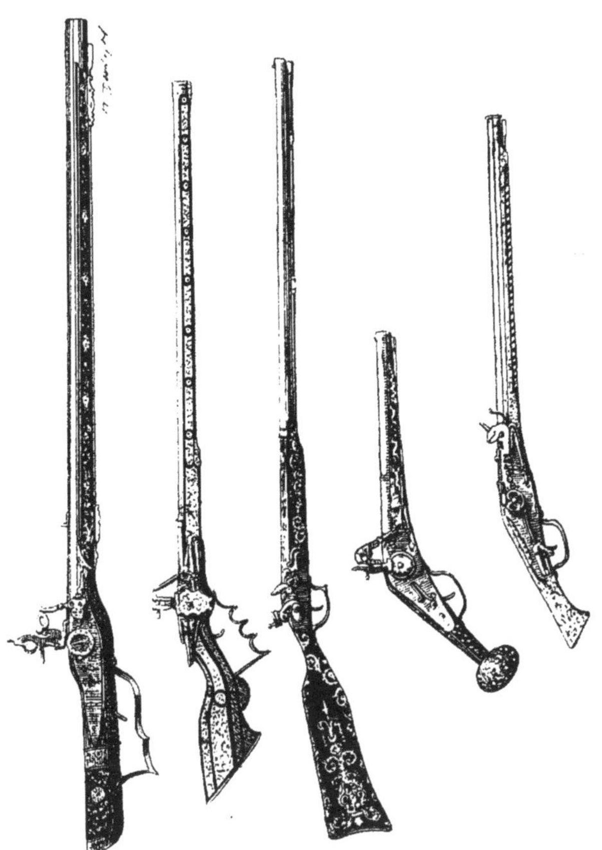

Nos 30, 32, 34, 40, 38.

37 — Pistolet allemand à rouet, du XVIe siècle, fût incrusté d'ivoire de morse gravé de scènes de chasse, pommeau de forme sphérique aplatie taillé à pans cannelés.

38 — Pistolet de forme presque droite à rouet, canon long et uni, fût entièrement en ivoire gravé de sujets de chasse. XVIe siècle.

39 — Autre pistolet de même époque que le précédent, fût en corne, incrusté de nacre gravé représentant un guerrier combattant un lion.

40 — Paire de pistolets à rouet, pommeaux sphériques fortement aplatis, fût incrusté d'ivoire, gravé de personnages et animaux, platines et canons unis. XVIe siècle.

41 — Deux pistolets de même époque que le précédent, avec sous-garde repercée, l'autre garni de son crochet de ceinture, canon à pans gravé et poinçonné en cuivre, lettres G. M. surmontées d'une couronne. (Sera divisé.)

42 — Pistolet à rouet, platine et canon élégamment gravés, fût orné de mascarons et arabesques en ivoire incrusté et gravé. XVIe siècle.

43 — Pistolet à rouet de la fin du XVIIe siècle, fût incrusté de figurines et ornements gravés, garniture et canon en acier poli.

44 — Petit pistolet à rouet, platine et canon gravés et poinçonnés, fût incrusté d'ivoire de morse gravé, terminé par un pommeau côtelé en creux, ayant sur sa partie extrême un écusson armorié. XVIe siècle.

45 — Pistolet avec son crochet de ceinture, commencement du XVIIIe siècle. Travail italien, bois orné d'acier, décoré de têtes et mascarons en relief.

46 — Pistolet à double canon tournant, bois sculpté orné d'acier découpé. Travail du XVIIIe siècle.

47 — Belle paire de pistolets en ivoire, dont la crosse est formée d'une tête de guerrier avec casque, canons gravés, platines signées IAN HERMANS.

48 — Paire de pistolets de travail analogue à la précédente mais plus petits, portant la signature KOSSERS A MOSTER.

49 — Paire de pistolets italiens, canon signé : *Lazarino Commazzo*, crochets de ceinture, bois orné d'acier légèrement gravé et repercé. XVIIIe siècle.

50 — Pistolet du XVIIIe siècle, crosse en fer à pans de la forme d'un manche de poignard.

51 — Pistolet français, garniture de bois en acier repercé et gravé, signé Hervin, Paris. Travail du XVIIIe siècle.

52 — Pistolet italien, bois sculpté garni de fer ciselé et ajouré. Les pièces de la batterie sont ornées de mascarons ciselés. Le couvre-feu est signé : D.O.VME LA MOV. XVIIIe siècle.

53 — Paire de pistolets, platine et garniture en fer richement ciselées, canon acier cannelé signé : GIO. BATISTA GUERINO. Très beau travail italien du XVIIIe siècle.

54 — Paire de pistolets, époque Louis XIV, entièrement incrustés de rinceaux d'argent gravé, garniture en argent ciselé et doré. Remarquable travail.

55 — Curieux petit briquet de la fin du XVIIe siècle, garniture de bois et canon en cuivre ciselé et gravé, batterie acier uni et poli.

56 — Environ quinze batteries d'arquebuses et de pistolets, clef d'arquebuse, canons et fragments d'armes à feu. (Ce lot sera divisé.)

ÉPÉES, DAGUES ET POIGNARDS

DES XVe, XVIe et XVIIIe SIÈCLES

57 — Petite épée à deux mains, à quillons droits et unis, lame gravée au talon. Fin du XVe siècle.

58 — Deux petites épées à deux mains, à quillons recourbés et pommeaux aplatis et repercés, portant des traces de dorure encore visibles. XVIe siècle.

59 — Glaive à quillons droits, pommeau en cuivre ciselé, large lame plate avec inscription en cuivre incrusté.

60 — Trois belles épées à deux mains, du XVIe siècle, lames plates à gorge d'évidement, quillons et pommeaux droits avec et sans gravure. (Sera divisé.)

61 — Très fine épée espagnole du XVIIe siècle, garde et quillon gravés et cannelés, élégante petite lame à gouttière signée : SEBASTIANO ERNANTZ SAHAGUIN DEL VIEDO.

62 — Très belle épée de la Renaissance, à quillons recourbés en S, rejoignant la garde, ornée de médaillons et figurines ciselés en champlevé, richement damasquinée d'or et d'argent, lame plate poinçonnée.

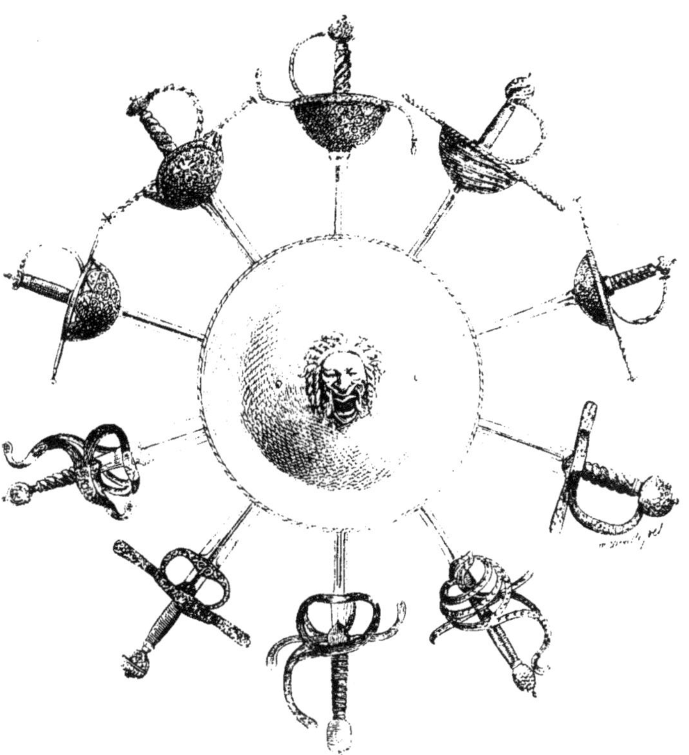

Nos 7. 81. 64. 79. 89. 91. 86. 84. 88. 62.

63 — Belle épée de la Renaissance italienne, garde, pas d'âne et pommeaux gravés, vermicellés, lame à gorge d'évidement poinçonnée et signée : ANTONIO PICCINO.

64 — Autre belle épée de la Renaissance, garde à double coquille découpée à jour, quillons recourbés en S dans le sens horizontal, pas d'âne et branches ciselés, gravés et entièrement dorés, lame à gouttière signée : MONTE EN TOLEDO.

65 — Épée de la Renaissance, quillons droits, pas d'âne et garde acier doré, pommeau allongé et cannelé, jolie petite lame espagnole portant la signature : FRANCISCO RUIZ TOLEDO.

66 — Épée à double coquille gravée et repercée à jour, quillons droits, pas d'âne, garde et pommeau cannelés et ondulés avec des traces de gravure, belle lame à gorge d'évidement poinçonnée en cuivre d'un loup incrusté. Beau travail du XVIe siècle.

67 — Belle épée à triple garde, pas d'âne; les quillons recourbés en S et le pommeau sont recouverts de riches incrustations et damasquinés or et argent, lame à triple gouttière. Travail du XVIe siècle.

68 — Épée allemande à quillon figurant un serpent rejoignant la coquille. Pommeau et garde gravés de personnages équestres, coquille repercée, montrant des soldats à pied et à cheval, lame poinçonnée en cuivre de l'aigle allemand surmonté du mot « Berlin ». Travail de la fin du XVIIe siècle.

69 — Épée à quillons recourbés horizontalement en S, garde contournée, ornée de croix ciselées, lame plate légèrement gravée avec lettres I H S.

70 — Épée du xvᵉ siècle, quillons droits, pommeau en fer uni, large lame poinçonnée, légèrement gravée.

71 — Épée du xvIᵉ siècle, à quillons recourbés en S, garde, pas d'âne et pommeau cannelés en spirale, large lame à double gouttière peu profonde.

72 — Épée italienne à quillons droits, garde fer ciselé, lame à gouttière signée CAINO, xvᵉ siècle.

73 — Petite épée de la même époque que la précédente, quillons droits et pommeau de forme quadrangulaire, lame plate incrustée de cuivre.

74 — Jolie épée à quillon recourbé en S, et garde aplatie et gravée, petite coquille percée de trous, lame à double gorge d'évidement, signée IONSANS EN CARACOLA. Fin du xvᵉ siècle.

75 — Épée courte à quillons recourbés, pommeau plat gravé, large lame poinçonnée, xvᵉ siècle.

76 — Deux épées à coquilles, lame large, xvIᵉ siècle. Sera divisé.

77 — Épée avec pommeau à pans et garde en fer ciselé et damasquiné d'or et d'argent, lame unie avec fine gouttière jusqu'à son extrémité. Fin du xvᵉ siècle.

78 — Épée courte, à lame large, de la fin du xvIᵉ siècle.

79 — Belle épée à quillons droits et pommeau orné d'arabesques d'argent incrusté et ciselé, large lame plate poinçonnée. Fin du xvᵉ siècle.

80 — Épée de la même époque et décoration analogue à la précédente, lame ornée de trophées et armoiries, de fleurs de lis surmontées d'une couronne royale, lettres E R.

81 — Deux autres petites épées italiennes de la même époque, pommeaux et gardes ciselés, lames plates à gorge d'évidement. (Sera divisé.)

82 — Épée à quillon recourbé et coquilles repercées, garde et pommeau en acier et partie dorée à médaillons et feuillages, belle lame espagnole signée : MONTE EN TOLEDO. XVIIe siècle.

83 — Épée à coquille et garde ornées de scènes guerrières en relief, lame à gouttière, gravée de trophées dans la moitié de sa longueur, se détachant sur fond doré.

84 — Très riche rapière, garde à corbeille festonnée, quillons droits, entièrement damasquinée et incrustée d'oiseaux et rinceaux en argent. Très belle lame à arêtes vives jusqu'à la pointe, gorge portant la signature PEDROD DEL CAMA.

85 — Rapière espagnole du XVIIe siècle, corbeille composée en partie de bandes unies polies et bandes gravées et repercées. Lame plate signée SCACCHUS ME FECIT.

86 — Autre rapière espagnole, garde à corbeille repercée et ajourée, quillons recourbés en S dont les extrémités ainsi que le pommeau sont découpés et ciselés d'ornements rappelant ceux de la corbeille. Belle lame plate à gorge d'évidement signée DOMINGO SANCHEZ CLAMADE.

87 — Rapière espagnole, corbeille repercée à jour et gravée, lame plate unie, à gouttière, XVIIe siècle.

88 — Autre rapière à corbeille, à festons gravés réunis par une collerette, quillon droit terminé par des petites boucles repercées à jour, lame signée : HERNANDEZ SELAZTIAN.

89 — Trois très belles rapières espagnoles du XVIIe siècle, gardes à corbeilles ajourées et ciselées, bords rabattus, quillons droits, fines lames. Ce lot sera divisé.

90 — Quatre belles rapières espagnoles, garde à corbeille unie, contre-corbeille intérieure ajourée et gravée, longs quillons droits. Très fines lames à gorges d'évidement, gravées d'inscriptions. Commencement du XVIIe siècle. Ce lot sera divisé.

91 — Belle rapière espagnole du XVIIe siècle, gorge en corbeille à bords rabattus, ornée d'une spirale en creux tournant des bords au centre de la corbeille et ajourée, quillons droits et pommeau cannelé et vrillé. Belle lame de Solingen.

92 — Trois épées espagnoles, quillons droits, doubles coquilles gravées et ciselées, fines lames espagnoles, XVIe siècle. Ce lot sera divisé.

93 — Épée allemande à quillon contourné, avec extrémité aplatie, pommeau à pans et garde damasquiné de points d'or, coquille repercée. Lame signée PETER BRUGEL ME FECIT IN SOLINGEN et décorée de diverses gravures et armoiries allemandes, XVIIe siècle.

94 — Très fine épée italienne à garde en croix, quillons droits et pommeau et fusée en acier à pans, lame à gorge d'évidement portant la marque TOLEDO ; la partie plate du pommeau forme cachet et est marquée GIOVAN FIORON CORTELAIO, XVIIe siècle.

95 — Belle épée esclavonne à pommeau en fer noirci, figurant une tête de nègre, quillons droits, garde et pas d'âne fer noirci, enrichi de damasquines argent, lame à un seul tranchant, à triple gouttière gravée et dorée, poinçonnée M. M. XVIe siècle.

96 — Épée avec pommeau aplati ciselé de figurines, garde en fer ciselé, lame en partie gravée à double gouttière. XVIe siècle.

97 — Épée dans le genre de la précédente, avec lame unie.

98 — Quatre épées du XVIe siècle, à doubles coquilles repercées et ajourées, pas d'âne, pommeau à pans de divers formes, lames à gorges d'évidement poinçonnées et signées. (Ce lot sera divisé.)

99 — Environ soixante épées et poignards unis des XVIe, XVIIe et XVIIIe siècles, quelques-uns incomplets. (Ce lot sera divisé.)

100 — Deux jolies colichemardes du commencement du règne de Louis XIV, à garde damasquinée d'or, figurant des trophées et ornements, lame gravée légèrement.

101 — Autre colichemarde de la même époque, garde et pommeau repercés et ciselés de figurines en relief.

102 — Jolie épée du commencement du règne de Louis XIV, garde, coquille et pommeau en acier incrusté d'argent, curieuse lame triangulaire à cinq gorges d'évidement sur son côté plein, aplatie et cannelée sur l'arête.

103 — Épée du commencement du XVIIIe siècle, garde et pommeau en argent repercé et doré, lame triangulaire légèrement gravée.

104 — Belle épée de cour du XVIIIe siècle, garde et coquille repercées et ornées de perles en acier facetées et polies, lame bleuie au talon dorée et armoriée.

105 — Trois épées, pommeaux et gardes gravés et repercés, lames gravées, commencement du XVIIIe siècle. Ce lot sera divisé.

106 — Épée de cour espagnole de la même époque, poignée entièrement garnie de filigrane d'argent, lame plate en partie gravée.

107 — Trois épées à garde en argent ciselé et doré, lames gravées accompagnées de leurs fourreaux en galuchat, garnis d'argent. XVIIIe siècle.

108 — Deux épées, poignées en argent doré, orné de perles en argent, facetées et polies, avec lame bleuie et dorée marquée IGB et accompagnées de leur fourreau en galuchat garni d'argent, gravé et doré.

109 — Quatre épées, garde en acier finement ciselé, gravé et doré. Travail du XVIIIe siècle. Ce lot sera divisé.

110. — Jolie petite épée d'enfant à garde en bronze finement ciselé et doré, charmante petite lame plate armoriée et dorée sur toute sa longueur. XVIIIe siècle.

111 — Deux épées à garde d'argent et de cuivre, dorée, ciselée d'ornements rocailles, lame élégamment gravée et dorée. XVIIIe siècle. Ce lot sera divisé.

112 — Jolie petite épée d'enfant, du XVIIIe siècle, avec fusée en porcelaine de Saxe décorée, garde gravée et ciselée d'ornements dorés et argentés en réserve. Petite lame, finement gravée et dorée.

113 — Épée à garde d'argent ciselé, lame en partie gravée et dorée, XVIIIe siècle.

114 — Deux petites épées à garde en acier ciselé et incrusté d'or. Une des lames triangulaire unie, l'autre gravée sur fond doré dans toute sa longueur. (Sera divisé.)

115 — Trois belles hallebardes gravées d'ornements, personnages et armoiries se détachant sur fond doré. Travail du XVIe siècle. (Ce lot sera divisé.)

116 — Pique du XVe siècle, manche garni de cuir.

117 — Lance de tournoi, garnie de son oriflamme.

118 — Trois étendards en soie, garnis de fer doré à leur extrémité.

119 — Trois espontons en fer gravé, ajouré et flamboyant. Travail du XVIIe siècle. (Ce lot sera divisé.)

120 — Autre esponton de la même époque, fer gravé de griffons et fleurs de lis.

121 — Hache d'armes en fer ciselé.

122 — Deux haches, manche en bois incrusté de plaques d'ivoire gravé de feuillages et de personnages; l'une est gravée de deux haches croisées avec la date 1667, l'autre porte la marque C III 1661. (Sera divisé.)

123 — Masse du XVe siècle à ailettes gravées, poignée recouverte de corde.

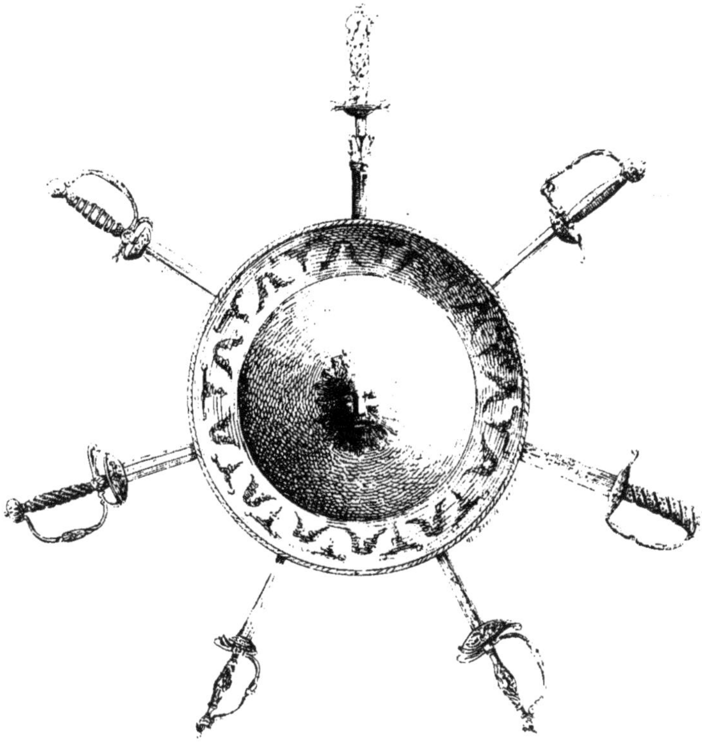

Nos 6. 107. 113. 130. 109. 129. 105. 102.

124 — Marteau d'armes de la même époque, garni de son crochet de ceinture.

125 — Deux poignards-baïonnettes espagnols du XVIIIe siècle, poignées de corne garnie de bronze doré et gravé, lames dorées et bleuies, l'un est garni de son fourreau. (Sera divisé.)

126 — Petite baïonnette gravée de sujets de chasse, canon incrusté de trophées or et argent. Époque Louis XIV.

127 — Deux petites épées de chasse, fusées ivoire garnies d'argent, petites coquilles de même métal, gravées et repercées. Travail du commencement du XVIIIe siècle.

128 — Couteau de chasse allemand de l'époque Louis XV, poignée de nacre cannelé, petite coquille ornement rocaille ; lame magnifiquement gravée dans toute sa longueur d'ornements et armoiries sur fond doré.

129 — Belle trousse de chasse composée du couteau et du service à déjeuner, les manches sont en ivoire magnifiquement sculpté d'animaux entrelacés, lame en acier bleui et gravé sur toute sa longueur, sur fond or représentant une série d'animaux féroces.

130 — Couteau de chasse, époque Louis XIV, garde et poignée en acier bleui et ciselé sur fond or à décor Tonkin, le talon de la lame est doré et gravé d'armoiries.

131 — Couteau de chasse à lame courte, manche ivoire sculpté d'une tête de lion.

132 — Dague italienne, lame unie quadrangulaire, quillon, manche et pommeau entièrement en acier ciselé et gravé, XVIIe siècle.

133 — Poignard à lame plate à arêtes, quillons et pommeau incrusté d'argent.

134 — Poignard espagnol à lame triangulaire, trois gorges d'évidement ajourées, quillons recourbés, pommeau et garde argent doré, garni de pierres, quillons recourbés vers la pointe; fourreau argent, gravé et signé L. B. 1781.

135 — Trois poignards de la Renaissance, quillons recourbés, ajourés et gravés ainsi que les pommeaux, fines lames profondément cannelées de nombreuses gorges d'évidement ajourées. Ce lot sera divisé.

136 — Poignard de même époque, garde en ivoire sculpté.

137 — Quatre poignards écossais, dont trois garnis de leur nécessaire de chasse, manches corne, garnis d'argent et de topazes, gaines en cuir garnies d'argent gravé. Sera divisé.

138 — Deux claymores, dont l'une à garde d'argent et l'autre à garde de fer. Sera divisé.

139 — Très fort lot de lames, pommeaux, fusées des xve, xvie, xviie et xviiie siècles. Sera divisé.

POIRES A POUDRE ET PULVÉRINS

140 — Poire à poudre ronde en bois gravé, avec incrustation au centre de plaques d'argent gravé, d'un côté un sujet de chasse et de l'autre une armoirie, xvie siècle.

141 — Autre poire à poudre analogue à la précédente, plus petite.

142 — Pulvérin du XVIe siècle, corne de cerf sculptée de tête de sanglier aux extrémités : sur la face, sujet représentant une dame à cheval accompagnée de son page.

143 — Trois pulvérins en fer à petites côtes et gravés, un est garni de son crochet de ceinture. (Ce lot sera divisé.)

144 — Trois pulvérins en ivoire gravé de dessins et personnages, garnitures en fer gravé et doré, garnis de leur crochet de ceinture. Travail du XVIe siècle. (Ce lot sera divisé.)

145 — Deux autres pulvérins de même forme que les précédents, en bois incrusté d'ivoire et sculpté d'armoiries. (Ce lot sera divisé.)

146 — Pulvérin en cuivre doré, repoussé et ciselé. Les ornements découpés à jour représentent saint Michel terrassant le dragon. Travail du XVIe siècle.

PIÈCES DE CHEVAL

147 — Deux beaux chanfreins de cheval dont un uni avec écusson en fer rapporté sur le front et l'autre gravé et doré. XVIe siècle.

148 — Muselière de cheval d'une armure allemande du XVIe siècle, partie cuivre et fer repercé. Devise : IN. TE. DOMINE. SPERAVI. Au milieu du front, l'aigle d'Autriche; sur le sommet, une inscription allemande. Travail remarquable.

149 — Très belle paire d'éperons à trois molettes à forme d'étoiles, à pointes multiples en fer gravé et repercé. Fin du XIVe siècle.

150 — Lot d'éperons des XVIe et XVIIe siècles en fer gravé et damasquiné. Ce lot sera divisé.

ARMES ORIENTALES

151 — Très belle armure circassienne complète, composée de son armure de tête, les cottes de mailles, les brassards, le plastron, le dos, en fer gravé et damasquiné.

152 — Très jolie paire de brassards d'armure circassienne en fer richement orné de damasquine d'or.

153 — Huit brassards dépareillés d'armures orientales en fer gravé, ciselé, incrusté d'or et d'argent : sept d'entre eux sont garnis de leur gantelet. Sera divisé.

154 — Cinq paires de plastrons et dos d'armures circassiennes et sarrazines en fer richement incrusté de décorations de fleurs et d'ornements en or.

155 — Très beau casque de guerre japonais à large couvre-nuque articulé, le haut du cimier représente une tête de monstre à cornes.

156 — Armure japonaise complète, accompagnée de ses armes offensives et défensives.

157 — Cuirasse et dossière japonaises, fer niellé d'argent.

158 — Deux paires d'étriers en fer incrusté d'argent. Travail oriental. Sera divisé.

159 — Six boucliers circassiens en corne transparente, décorés de dessins laqués et dorés, clous en métal ciselé. Sera divisé.

160 — Hache d'armes de Mameluck, très richement damasquinée d'or et d'argent.

161 — Hache d'armes chinoise montée sur bambou laqué et doré.

162 — Deux marteaux d'armes sans manches.

163 — Casse-tête circassien, manche en galuchat, masse et extrémité du manche en argent niellé.

164 — Belle hache d'armes indienne, richement ornée de caractères et de figurines, manche damas incrusté d'or.

165 — Casse-tête circassien, masse ornée d'une damasquine d'or, manche incrustation d'argent et d'or alternés.

166 — Deux petites haches d'armes circassiennes, incrustées d'or, manches en métal gravé et doré. Sera divisé.

167 — Deux marteaux d'armes, fer damasquiné d'or. Travail oriental. Sera divisé.

168 — Trois beaux casques sarrazins et turc du XVIe siècle, timbres à cannelures et unis, pourtour inférieur damasquiné d'or, garnis de leur cotte de mailles. Sera divisé.

169 — Sous ce numéro un lot de pièces d'armures unies, gravées, dorées, etc., etc., telles que jambards, cuissards, etc., etc.

170 — Riche fusil tromblon, entièrement décoré de rinceaux et dessins orientaux, en argent repercé et doré ; le canon est orné d'une damasquine d'argent très en relief et gravée, la platine légèrement gravée porte la marque IONDON WARANTED. Travail anglais du XVIIIe siècle.

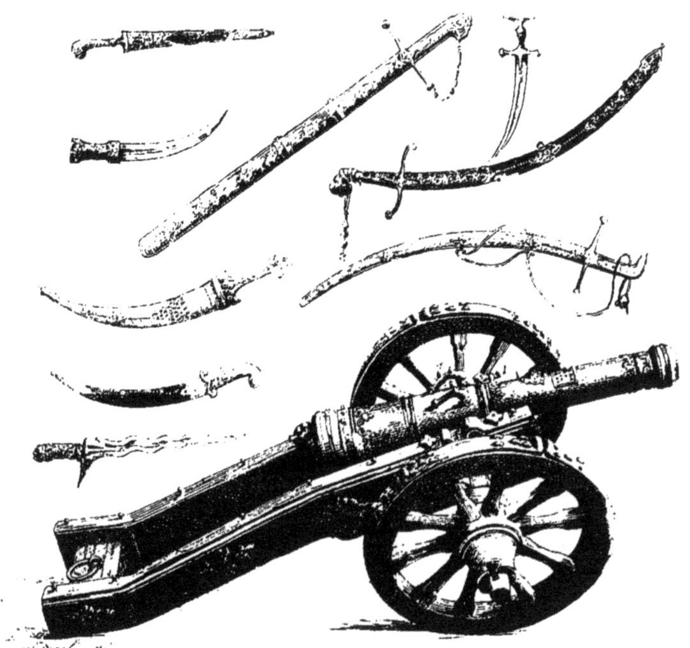

Nos 23, 183, 181, 209. 187. 213. 210. 214. 219.

171 — Beau fusil oriental, crosse en bois, garni de velours brodé d'or, garniture de fusil en argent repoussé, gravé et doré, sur laquelle sont enchâssées des turquoises et des perles de corail.

172 — Deux pistolets albanais, garnis en argent repoussé et ciselé. (Sera divisé.)

173 — Pistolet du Caucase, bois garni d'argent niellé, canon gravé et niellé.

174 — Pistolet analogue au précédent, canon et batterie damasquinés d'or.

175 — Pistolet du Caucase, monture entièrement en argent ciselé et niellé.

176 — Pistolet kabyle, crosse incrustée d'argent et de perles de corail, garniture du canon et pommeau de la crosse garnis en argent repoussé.

177 — Deux paires de pistolets turcs, monture en métal fondu, gravée et dorée. (Sera divisé.)

178 — Pistolet analogue au précédent.

179 — Arc en bois laqué et flèches. Travail du Caucase.

180 — Sabre turc, poignée en corne, fourreau cuir garni de fer, damasquiné d'or.

181 — Beau sabre turc, lame en damas fin, richement incrusté de devises orientales en or, poignée en corne de rhinocéros, quil-

lons recourbés, fourreau en cuir garni, ainsi que la poignée, d'une riche garniture d'argent doré repoussé.

182 — Six sabres turcs, poignées en corne de rhinocéros, lames damas, garnitures en argent, argent doré et fer damasquiné d'or, fourreaux en cuir garnis d'argent et métal gravé et repoussé. (Ce lot sera divisé.)

183 — Sabre persan, lame incrustée de caractères orientaux en or, quillons droits, poignée et fourreau garni d'argent doré repoussé. Le fourreau est garni de son baudrier.

184 — Sabre persan, poignée ivoire de Morse, garniture en fer damasquiné d'or.

185 — Sabre persan, lame poinçonnée et à gouttières dans toute sa longueur, fourreau en cuir repoussé, poignée et garniture de fourreau en fer gravée et richement damasquinée d'or.

186 — Petit sabre persan, d'enfant, lame damas, poignée en ivoire de morse et garnie, ainsi que le fourreau, en fer damasquiné d'or.

187 — Glaive indo-musulman à longue lame plate, poignée et fourreau garnis en argent repoussé et gravé.

188 — Yatagan turc, lame incrustée d'argent, poignée ivoire de morse, garnie de cuivre doré orné de grains de corail.

189 — Deux yatagans turcs, poignées en ivoire de morse garnies d'argent, fourreaux en argent repoussé et gravé. (Sera divisé.)

190 — Deux flissahs kabyles, lames gravées et poinçonnées, fourreaux en argent repoussé d'attributs et devises orientales. (Sera divisé.)

191 — Sabre indien, poignée de fer richement incrustée d'ornements d'or.

192 — Sabre indien, poignée en fer gravé et argenté, fourreau en galuchat garni d'argent gravé.

193 — Sabre d'exécution birman, poignée en bois sculpté et doré, garni d'argent repoussé, lame large à l'extrémité, fourreau d'acajou.

194 — Petit sabre algérien, poignée de corne.

195 — Deux khouttars indous richement damasquinés d'or. (Ce lot sera divisé.)

196 — Petit couteau de chasse chinois, manche en corne, garde en bronze doré.

197 — Yatagan birman, manche en corne de rhinocéros, fourreau bois garni d'os et de métal gravé.

198 — Sabre circassien, garnitures de poignée et fourreau en argent niellé.

199 — Sabre indien, à lame courbe, gravée dans toute sa longueur de devises et d'animaux incrustés en or. Poignée en fer uni argenté.

200 — Sabre indien, lame droite à trois gouttières, garniture de poignée et de fourreau en cuivre gravé et doré.

201 — Sabre albanais, poignée et quillons droits en argent ciselé et gravé.

202 — Khandjar albanais, poignée en ivoire de morse, fourreau de velours garni de cuivre.

203 — Élégant poignard arabe, manche en ivoire de morse garni de perles en corail montées sur argent doré, lame en damas d'un joli travail de gravure.

204 — Deux couteaux de chasse indiens, manches en corne et ivoire. Sera divisé.

205 — Trois poignards du Caucase garnis d'argent niellé. Sera divisé.

206 — Deux poignards turcs, fourreaux et garniture en fer, orné de damasquines d'or.

207 — Cinq poignards wahabites, lames damas, fourreaux et manches en argent repoussé, gravé et doré, et enrichis de pierres. Ce lot sera divisé.

208 — Trois poignards birmans, poignées en jade sculpté, fourreaux velours garnis de métal et d'argent doré et gravé. Ce lot sera divisé.

209 — Deux poignards indiens, à lames et fourreaux en fer, incrustés d'or et d'argent.

210 — Quinze poignards persans, manches en ivoire, corne, argent, fer damasquiné, jade, marbre, porphyre ; fourreaux cuir, argent et fer diversement ornés et damasquinés d'or, lames damas richement incrusté. (Sera divisé.)

211 — Riche poignard persan, lame finement damasquinée d'or et d'argent : fourreau en argent couvert de filigrane d'argent doré, garni de son baudrier en cuir brodé.

212 — Petit poignard turc, poignée en ivoire de morse garnie d'argent et de grains de corail.

213 — Poignard persan, poignée en jaspe taillé, fourreau garni de cuivre gravé.

214 — Six petits poignards orientaux, à manches droits de jade et de marbre, fourreaux en velours garnis d'argent gravé et doré. (Ce lot sera divisé.)

215 — Petit poignard persan, manche marbre bleu, fourreau garni d'argent repercé et gravé.

216 — Même poignard, manche en corne.

217 — Poignard persan, à manche d'ivoire garni de fer damasquiné.

218 — Kriss malais, dans son fourreau de bois, poignée finement sculptée en bois de santal.

219 — Très riche kriss malais, lame fin damas noir richement incrusté d'or, poignée en or figurant une idole, garnie de pierres précieuses.

220 — Kriss indien, lame damas, poignée et fourreau en argent doré et repoussé, garni d'une applique de pierres précieuses.

221 — Kriss javanais, poignée en bois sculpté figurant une idole.

222 — Belle canne à épée en jonc, lame orientale en fin damas noir incrusté d'or, petite poignée d'ivoire sculptée, virole en métal doré.

223 — Fragments d'armes orientales, fourreaux, poignées de jade, marbre et métal, lames de damas et autres, batteries de fusils et pistolets, etc. (Sera divisé.)

224 — Trousse birmane en bois plaqué d'argent, garnie de son couteau et de son poinçon.

225 — Trois baguettes de pistolets albanais, en fer gravé. (Sera divisé.)

226 — Javelot turc, en fer gravé.

227 — Deux fers de lance, dont un plat et l'autre à fourche flamboyante, damas incrusté d'or. Travail circassien. (Sera divisé.)

228 — Ceinturon syrien, en métal émaillé, doré et orné de pierres.

229 — Deux paires d'agrafes arabes, en argent, ornées d'émail et de grains de corail. (Sera divisé.)

230 — Deux petites cartouchières turques, en cuir brodé d'or. (Sera divisé.)

231 — Sacoche orientale, en cuir doublé de velours brodé d'or et d'argent. Les fermetures sont en argent.

232 — Poire à poudre, en cuivre orné d'argent repercé et gravé. (Travail oriental.)

233 — Autre poire à poudre, en cuir orné d'une applique en argent doré et perles corail.

234 — Deux ceintures kabyles, garnies de leurs cartouchières et sacs à balles; l'une est brodée de soie, l'autre de rivets d'argent et de grains de corail.

235 — Paire de fontes et de cartouchières en cuir, richement brodé d'or et d'argent. Travail oriental.

236 — Deux amorçoirs circassiens, en fer ciselé et incrusté d'or.

237 — Deux amorçoirs persans, en émail cloisonné.

238 — Batteries, bois et canons de fusils et pistolets orietnaux.

TABLEAUX

BREUGHEL

(PIERRE, dit le VIEUX)

239 — *Intérieur de paysans.*

Bois. Haut., 44 cent ; larg., 65 cent.

BRONZINO

(D'après)

240 — *Tête de femme : princesse.*

CALLOT

(Attribué à)

241 — *Arlequin et Arlequine.*

242 — *Comédien et Comédienne.*

Toile. Haut., 46 cent ; larg., 29 cent.

COELLO

(D'après)

243 — *Jeune Infante.*

Ovale.

Toile. Haut., 71 cent.; larg., 55 cent.

DIUOT

244 — *Portrait d'homme.*

Une note inscrite derrière la miniature mentionne le nom du comte d'Essex.

Miniature.

EUSBJ

(LUIS)

245 — *La Délivrance.*

Le prince Alexandre délivre le médecin Philippe ; guidé par la Vérité, il chasse la Calomnie et l'Envie.

Allégorie.

Signé et daté 1806.

Miniature.

KESSEL

(NICOLAS VAN)

246 — *La Tentation de saint Antoine.*

Peinture sur marbre, forme ovale.

Haut., 35 cent.; larg., 25 cent.

MABUSE

(Attribué à)

247 — *Triptyque.*

Au centre, une figure allégorique ; sur les volets, deux saintes.

Bois. Haut., 75 cent.

MIGNARD

(École de)

248 — *Portrait.*

Ovale.

Toile. Haut., 87 cent.; larg., 1 m. 13 cent.

MORONE

(Attribué à)

249 — *Portrait d'homme.*

Il est représenté debout, revêtu d'une riche armure, la main gauche appuyée sur son épée, et la droite sur son casque.

Curieux costume.

Toile. Haut., 1 m. 20 cent.; larg., 95 cent.

OSTADE (VAN)

(Attribué à)

250 — *Fête villageoise.*

Bois. Haut., 42 cent.; larg., 51 cent.

RIGAUD

(Attribué à)

251 — *Portrait d'homme cuirassé.*

Toile. Haut., 80 cent.; larg., 63 cent.

RŒHN

(A. D.)

252 — *Louis XVI recevant le duc d'Enghien au séjour des bienheureux.*

Allégorie.

Au milieu d'un parc, sur une pelouse, Louis XVI, vêtu des habits royaux, ayant près de lui Marie-Antoinette, le Dauphin Louis XVII et plusieurs seigneurs de sa cour, reçoit le duc d'Enghien.

De tous côtés, à l'ombre de grands arbres, plusieurs groupes de personnages célèbres de l'époque.

Signé à gauche et daté 1811.

Toile. Haut., 80 cent.; larg., 1 m. 15 cent.

TOLIGMATI

253 — *Tête d'homme.*

Il est représenté vu de trois quarts, regardant les spectateurs.

Toile. Haut., 70 cent.; larg., 55 cent.

VERELST

(PIERRE)

254 — *Buveur.*

Signé à droite du monogramme.

Toile. Haut., 20 cent.; larg., 17 cent.

WATTEAU

(D'après)

255 — *Le Voyage à Cythère.*

Toile. Haut., 57 cent.; larg., 70 cent.

ÉCOLE ALLEMANDE

256 — *Le Jugement de Pâris.*

Toile. Haut., 42 cent.; larg., 59 cent.

ÉCOLE FLAMANDE

257 — *L'Automne.*

Toile. Haut., 61 cent.; larg., 89 cent.

ÉCOLE FLAMANDE

258 — *Vierge et Enfant Jésus.*

Cadre. Haut., 17 cent.; larg., 13 cent.

ÉCOLE FLAMANDE

259 — *Vierge et Enfant Jésus.*

Bois. Haut., 33 cent.; larg., 27 cent.

ÉCOLE FLAMANDE PRIMITIVE

260 — *Adoration des Mages.*

Bois. Haut., 68 cent.; larg., 55 cent.

ÉCOLE FRANÇAISE

261 — *Portrait d'homme.*

Il est représenté de trois quarts, nu-tête, cuirassé et décoré du cordon bleu.

Ovale.

Toile. Haut., 71 cent.; larg., 58 cent.

ÉCOLE FRANÇAISE

262 — *La Duchesse du Maine.*

Elle est représentée debout, près d'elle un jeune page lui présente une corbeille remplie de perles et de pierreries.

Toile. Haut., 1 m. 19 cent.; larg., 94 cent.

ÉCOLE FRANÇAISE

263 — *Tête d'homme.*

Bois. Haut., 21 cent.; larg., 17 cent.

ÉCOLE FRANÇAISE

264 — *Conversation galante.*

Dans un parc, plusieurs personnages réunis causent ou jouent de la musique.

Toile. Haut., 1 m. 16 cent.; larg., 1 m. 20 cent.

ÉCOLE HOLLANDAISE

265 — *Le Coup de l'étrier.*

Devant la porte d'une hôtellerie, l'hôtelier offre un verre de vin à un jeune seigneur qui courtise sa servante.

A droite, un cavalier sur la route.

Plus loin, des paysans attablés.

Toile. Haut., 71 cent.; larg., 86 cent.

ÉCOLE HOLLANDAISE

266 — *Paysage.*

Daté 1644.

Bois. Haut., 40 cent.; larg., 60 cent.

ÉCOLE ITALIENNE

267 — *Le Mariage mystique de sainte Catherine.*

Bois. Haut., 72 cent.; larg., 58 cent.

ÉCOLE ITALIENNE

268 — *Portrait de jeune dame de qualité.*

Toile. Haut., 70 cent.; larg., 57 cent.

ECOLE ITALIENNE PRIMITIVE

269 — *La Vierge, assise, tient sur ses genoux l'Enfant Jésus.*

A droite et à gauche, saint Jean et sainte Catherine. Peint sur fond d'or.

Bois. Haut., 82 cent.; larg., 49 cent

ECOLE MODERNE

270 — Esquisse.

Bois. Haut., 33 cent.; larg., 25 cent.

ÉCOLE DE SIENNE

271 — *La Vierge et saint Jean adorant l'Enfant Jésus.*

Forme cintrée.

Bois. Haut., 70 cent.; larg., 37 cent

272 — *Portrait d'une petite princesse.*

Elle est couchée sur un coussin de velours rouge, tenant une couronne de la main gauche.

Cadre italien en bois sculpté.

Toile. Haut., 81 cent.; larg., 61 cent.

273 — *Portrait d'un commandeur de Malte.*

Il est représenté à genoux, les mains jointes et priant. Près de lui, son prie-Dieu sur lequel est un livre de prière; sur l'un des côtés du prie-Dieu sont ses armoiries.

Sur la base d'une colonne, une inscription mentionne son âge : ÆTATIS SUÆ 77.

Toile.

274 — *Portrait de dame. Époque Louis XIV.*

Forme ovale.

Toile.

275 — *L'Adoration des Mages.*

Bois. Haut., 68 cent.; larg., 53 cent.

276 — *Allégorie.*

Éventail époque Louis XIV.
Gouache. Peinture sur peau.

277 — *Sainte Famille; Pieta.*

Miniature sur vélin.

278 — *Jean de Meindre, seigneur de Boucicaut, maréchal de France.*

Miniature moderne.

279 — *Maurice de Nassau.*

Miniature moderne.

280 — *Pieta.*

Sous verre.

MEUBLES, BRONZES D'AMEUBLEMENT

OBJETS D'ART ET DE CURIOSITÉ, PORCELAINES

281 — Très beau meuble du style de la Renaissance, en bois noir sculpté, à haut et bas incrusté de plaques de lapis et d'émaux. Le haut est à deux portes garnies de glaces à biseaux et forme vitrine. Fait par Sauvrezy.

282 — Joli petit cabinet italien de la Renaissance, orné de petites statuettes en bronze doré et incrusté de pierres et d'agates. Accompagné de son support.

283 — Petit bureau à cylindre, époque Louis XVI, en acajou garni de bronzes.

284 — Meuble-crédence italien du XVIIe siècle, orné de têtes et figurine en bois sculpté.

285 — Joli petit meuble en noyer, style Renaissance, avec figurines sculptées et dorées; intérieur garni de soie verte.

286 — Plusieurs chaises et fauteuils de diverses époques. Sera divisé.

287 — Belle pendule et son cul-de-lampe Boule orné d'ornements et oiseaux en bronze doré. Époque Louis XIV.

288 — Importante gaine en bois incrusté de cuivre et garni de bronze doré. Style Louis XIV.

289 — Pendule religieuse hollandaise. Époque Louis XIII.

290 — Deux pendules de l'époque Louis XV, en galuchat orné de bronze doré. (Sera divisé.)

291 — Trois jolies petites pendulettes du XVIe siècle, à quatre faces et clochetons ornés d'ornements et figurines repoussés, ciselés, gravés et dorés. (Sera divisé.)

292 — Belle pendule du Directoire, en marbre blanc et noir, figurines en bronze doré; le fronton est surmonté d'un aigle. Mouvement à quantièmes.

293 — Plusieurs paires de flambeaux, cuivre. Époques Louis XIV, Louis XV, Louis XVI, Empire, etc. (Sera divisé.)

294 — Très remarquable tableau en bois sculpté, représentant le roi Louis XIII dirigeant les travaux d'un siège. Travail de l'époque.

295 — Très beau carquois en ivoire, sculpté de trophées, de personnages et masques d'animaux.

296 — Deux beaux morceaux d'ivoire, sculptés.

297 — Plusieurs fragments d'ivoire. (Sera divisé.)

298 — Beau coffret italien de la Renaissance, entièrement garni d'ivoire gravé de têtes et personnages représentant des prophètes et des saints.

299 — Beau coffret en bois, garni de velours rouge et de bandes de métal doré.

300 — Beau coffret en fer gravé, fermeture à secret. XVIe siècle.

301 — Petit coffret en fer uni, de la même époque.

302 — Trois coffrets italiens en bois, sculptés et peints de figures et scènes saintes. Commencement du xve siècle. (Sera divisé.)

303 — Belle porte en bois sculpté et plusieurs panneaux sculptés, anciens et modernes. (Sera divisé.)

304 — Étains, médailles et objets de vitrine divers. (Sera divisé.)

305 — Beau ciboire en argent doré, repoussé et gravé, orné de médaillons en émail. Joli travail de l'époque Louis XIV.

306 — Très belle poignée d'épée en argent garni de strass. Remarquable travail de joaillerie du xviiie siècle.

307 — Trois plaques en bronze, cire perdue, sujets religieux. Époque Louis XIV. (Sera divisé.)

308 — Série de miniatures et portraits sur cuivre, des xvie, xviie et xviiie siècles. (Sera divisé.)

309 — Lot de bijoux et montres anciens, de divers styles. (Sera divisé.)

310 — Fort lot de cadenas, menottes, entrées de serrures, clefs, charnières, en fer, bronze et argent; petits spécimens d'armes et divers objets de fer. (Ce lot sera divisé.)

311 — Aiguière et son bassin en ancienne pâte tendre de Sèvres, bluets et bouquets de roses sur fond blanc, bordures fond jaune, sur lesquelles se détachent des fleurs et rinceaux.

312 — Beau plateau en ancienne porcelaine de Sèvres, pâte tendre, décor chinois sur fond blanc. Signé Lecot.

313 — Jolie coupe en ancienne porcelaine de Sèvres, décor groseille et or, bordure figurant des ornements et oiseaux sur fond blanc.

314 — Assiette en ancienne porcelaine de Sèvres, décor rose et or : le fond présente le chiffre L surmonté de la couronne royale au-dessous des torches et carquois croisés.

315 — Belle assiette en ancienne porcelaine de Saxe.

316 — Très jolie assiette en porcelaine de Sèvres, pâte tendre, décor noir par Micaud : tête de jeune France au centre, peinte par Michel jeune.

317 — Deux jolis groupes en biscuit représentant l'*Été* et l'*Automne*.

318 — Assiettes à dessert en ancienne pâte tendre de Sèvres, rose du Barry, décorée en 1769, par Gomery : provient de la collection Reynols.

TAPISSERIES — COSTUMES — ÉTOFFES

319 — Série de trois tapisseries Louis XIII de la manufacture d'Aubusson, avec bordure représentant des épisodes de la vie de Jeanne d'Arc. La première montre Jeanne d'Arc faisant part à deux gentilhommes de ses visions. H., 2m,90. L., 2m,35. Dans la seconde, Jeanne d'Arc introduite auprès du roi Charles VII

le conjure de lui donner le commandement de son armée. H., 2^m,90. L., 4 m. Dans la troisième, Jeanne d'Arc est armée et bénie par un évêque. Mêmes dimensions que la précédente.

320 — Très beau panneau en point de Hongrie.

321 — Beau tapis de Smyrne haute laine.

322 — Beau costume d'homme complet en velours violet frappé et soutaché de fleurs en soie et pierres. Époque Louis XVI.

323 — Beau justaucorps d'homme, en soie, richement brodé d'or. Époque Louis XV.

324 — Très riche robe de femme, en soie brodée d'argent et d'or et de fleurs de soie de couleur. La bordure est composée d'une riche broderie d'or à jour.

325 — Fort lot de morceaux d'étoffes en soie, brocart, satin, et de tapisseries, galons, bourse, et écussons.

326 — Bride, bridons, mors et harnachement en cuir jaune orné d'écussons fleurdelisés aux armes d'Orléans ; remonte à l'époque de la conquête de l'Algérie et a appartenu à un membre de la famille.

327 — Beau caparaçon de cheval en velours violet orné de broderies d'or. Époque Louis XIV.

328 — Autre beau caparaçon en soie brodé d'or, orné de paillettes.

329 — Fort lot de tentures, rideaux en soie et drap. Baldaquins, embrasses, etc., etc. Sera divisé.

330 — Beau lustre hollandais en cuivre, gravé de caractères judaïques, à douze lumières.

331 — Autre lustre en fer formé de fleurs et feuillages, peint, doré et repoussé.

332 — Deux petites lampes juives en bronze.

333 — Vitraux anciens.

LIVRES

QUANTITÉ D'OUVRAGES DIVERS

ENTRE AUTRES :

Environ 100 fascicules traitant des recherches généalogiques sur les célèbres familles italiennes, ornés de gravures, d'écussons et armoiries.

Les Monuments de Belgique, ouvrage illustré d'Henry Merzlach.

Les Galeries historiques de Gavard.

L'Histoire du Palais-Royal.

Traité d'escrime italienne au XVIIIe siècle.

N. B. — *Les vitrines en bois et en fer seront vendues à la fin de la dernière vacation.*

www.ingramcontent.com/pod-product-compliance
Ingram Content Group UK Ltd.
Pitfield, Milton Keynes, MK11 3LW, UK
UKHW020433180726
13839UKWH00003B/1477

9 782329 539041